Publications des « TEMPS NOUVEAUX », N° 27

P. KROPOTKINE

COMMUNISME ET ANARCHIE

PRIX : O fr. 10

PARIS. — Aux bureaux des *TEMPS NOUVEAUX*, 4 rue Broca, Vᵉ

1903

EN VENTE AUX TEMPS NOUVEAUX

COMMUNISME ET ANARCHIE

L'importance de la question a à peine besoin d'être rappelée. Beaucoup d'anarchistes et de penseurs en général, tout en reconnaissant les immenses avantages que le communisme peut offrir à la société, voient dans cette forme d'organisation sociale un danger pour la liberté et le libre développement de l'individu. Ces dangers sont aussi reconnus par un grand nombre de communistes. D'autre part, prise dans son ensemble, la question rentre dans cet autre problème, si vaste, posé dans toute son étendue par notre siècle : la question de l'Individu et de la Société.

Le problème a été obscurci de diverses façons. Pour la plupart, quand on a parlé de communisme, on a pensé au communisme plus ou moins chrétien et monastique, et toujours autoritaire, qui fut prêché dans la première moitié de ce siècle et mis en pratique dans certaines communes. Celles-ci, prenant la famille pour modèle, cherchaient à constituer « la grande famille communiste », à « réformer l'homme », et imposaient dans ce but, en plus du travail en commun, la cohabitation serrée en famille, l'éloignement de la civilisation actuelle, l'isolement, l'intervention des « frères » et des « sœurs » dans toute la vie psychique de chacun des membres.

En outre, distinction suffisante ne fut pas faite entre les quelques communes isolées, fondées à maintes reprises pendant ces derniers trois ou quatre siècles, et les communes nombreuses et fédérées qui pourraient surgir dans une société en voie d'accomplir la révolution sociale.

Il faudrait donc, dans l'intérêt de la discussion, envisager séparément :

La production et la consommation en commun ;

La cohabitation — est-il nécessaire de la modeler sur la famille actuelle?

Les communes isolées de notre temps ;

Les communes fédérées de l'avenir.

Et enfin, comme conclusion : le communisme amène-t-il nécessairement avec lui l'amoindrissement de l'individu? Autrement dit : l'Individu dans la société communiste.

*
* *

Sous le nom de socialisme en général, un immense mouvement d'idées s'est accompli dans le courant de notre siècle, en commençant par Babeuf, Saint-Simon, Robert Owen et Proudhon, qui formulèrent les courants dominants du socialisme, et ensuite par leurs nombreux continuateurs français (Considérant, Pierre Leroux, Louis Blanc), allemands (Marx, Engels), russes Tchernychevsky, Bakounine), etc., qui travaillèrent, soit à populariser les idées des fondateurs du socialisme moderne, soit à les étayer sur des bases scientifiques.

Ces idées, en se précisant, engendraient deux courants principaux : le communisme autoritaire et le communisme anarchiste, ainsi qu'un certain nombre d'écoles intermédiaires, cherchant des compromis, tels que l'Etat seul capitaliste, le collectivisme, la coopération ; tandis que, dans les masses ouvrières, elles donnaient naissance à un formidable mouvement ouvrier, qui cherche à grouper toute la masse des travailleurs par métiers pour la lutte contre le capital et devient de plus en plus international.

Trois points essentiels ont été acquis par ce formidable mouvement d'idées et d'action, et ils ont déjà largement pénétré dans la conscience publique. Ce sont :

L'abolition du salariat — forme actuelle du servage ancien ;

L'abolition de l'appropriation individuelle de tout ce qui doit servir à la production ;

Et l'émancipation de l'individu et de la société du rouage politique, l'Etat, qui sert à maintenir la servitude économique.

Sur ces trois points l'accord est assez près de s'établir ; car ceux mêmes qui préconisent les « bons de travail », ou bien nous disent (comme Brousse) : « Tous fonctionnaires ! » c'est-à-dire « tous salariés de l'Etat ou de la commune », admettent qu'ils préconisent ces palliatifs uniquement parce qu'ils ne voient pas la possibilité immédiate du communisme. Ils acceptent ces compromis comme un pis aller. Et, quant à l'Etat, ceux-là même qui restent partisans acharnés de l'Etat, de l'autorité, voire même de la dictature, reconnaissent que lorsque les *classes* que nous avons aujourd'hui auront cessé d'exister, l'Etat devra disparaître avec elles.

On peut donc dire, sans rien exagérer de l'importance de notre fraction du mouvement socialiste, — la fraction anarchiste — que malgré les divergences qui se produisent entre les diverses fractions socialistes et qui s'accentuent surtout par la différence des moyens d'action plus ou moins révolutionnaires acceptés par chacune d'elles, on peut dire que toutes, par la parole de leurs penseurs, reconnaissent, pour point de mire, le communisme libertaire. Le reste, de leur propre aveu, ne sont que des étapes intermédiaires.

_

Toute discussion des étapes à traverser serait oiseuse, si elle ne se basait sur l'étude des *tendances* qui se font jour dans la société actuelle. Et, de ces tendances diverses, deux méritent surtout notre attention.

L'une est qu'il devient de plus en plus difficile de déterminer la part qui revient à chacun dans la production actuelle. L'industrie et l'agriculture modernes deviennent si compliquées, si enchevêtrées, toutes les industries sont si dépendantes les unes des autres, que le système de paiement du producteur-ouvrier par les résultats devient impossible. Aussi voyons-nous que plus une industrie est développée, plus le salaire aux pièces disparaît pour être remplacé par un salaire à tant la journée. Celui-ci, d'autre part, tend à s'égaliser. La société bourgeoise actuelle reste certainement divisée en classes, et nous avons toute une classe de bourgeois dont les émoluments grandissent en proportion inverse du travail qu'ils font : plus ils sont payés, moins ils travaillent. D'autre part, dans la classe ouvrière elle-même, nous voyons quatre grandes divisions : les femmes, les travailleurs agricoles, les travailleurs qui font du travail simple, et enfin ceux qui ont un métier plus ou moins spécial. Ces divisions représentent quatre degrés d'exploitation et ne sont que des résultats de l'organisation bourgeoise.

Mais, dans une société d'égaux, où tous pourront apprendre un métier et où l'exploitation de la femme par l'homme, et du paysan par l'industriel, cessera, ces classes disparaîtront. Et aujourd'hui même, dans chacune de ces classes les salaires tendent à s'égaliser. C'est ce qui a fait dire, avec raison, qu'une journée de travail d'un terrassier *vaut* celle d'un joaillier, et ce qui a fait penser Robert Owen aux *bons de travail*, payés à chacun de ceux qui ont donné tant d'heures de travail à la production des choses reconnues nécessaires.

Cependant, quand nous considérons l'ensemble des tentatives de socialisation, nous voyons, qu'à part l'union de quelques mille fermiers aux États-Unis, le bon de travail n'a pas fait de chemin depuis les trois quarts de siècle qui se sont passés depuis la tentative faite par Owen de l'appliquer. Et nous en avons fait ressortir ailleurs (*Conquête du pain ; le Salariat*) les raisons.

Par contre, nous voyons se produire une masse de tentatives partielles de socialisation dans la direction du Communisme. Des centaines de communes communistes ont été fondées durant ce siècle, un peu partout, et en ce moment même nous en connaissons plus d'une centaine — toutes plus ou moins communistes.

C'est aussi dans le sens du communisme — *partiel, bien entendu* — que se font presque toutes les nom-

breuses tentatives de socialisation qui surgissent dans
la société bourgeoise, soit entre particuliers, soit dans
la socialisation des choses municipales.

L'hôtel, le bateau à vapeur, la pension sont tous des
essais faits dans cette direction, par les bourgeois. En
échange d'une contribution de tant par jour, vous avez
le choix des dix ou cinquante plats qui vous sont
offerts, dans l'hôtel ou sur le bateau, et personne ne
contrôle la quantité de ce que vous avez mangé. Cette
organisation s'étend même internationalement, et
avant de partir de Paris ou de Londres vous pouvez
vous munir de bons (à raison de 10 francs par jour)
qui vous permettent de vous arrêter à volonté dans
des centaines d'hôtels en France, en Allemagne, en
Suisse, etc., appartenant tous à une Ligue internationale des hôtels.

Les bourgeois ont très bien compris les avantages
du communisme partiel, combiné avec une liberté
presque entière de l'individu, *pour la consommation ;*
et dans toutes ces institutions, pour un prix de tant
par mois, on se charge de satisfaire tous vos besoins
de logement et de nourriture, s_ ceux de luxe
extra (vins, chambres spécialement luxueuses), que
vous payez séparément.''

L'assurance contre l'incendie (surtout dans les vil-
lages où une certaine égalité de conditions permet
une prime égale pour tous les habitants), contre
l'accident, contre le vol; cet arrangement qui permet
aux grands magasins anglais de vous fournir chaque
semaine, à raison d'un shilling par semaine, tout le
poisson que vous consommerez dans une petite famille; le club; les sociétés sans nombre d'assurance
en cas de maladie, etc., etc., toute cette immense
série d'institutions nées dans le courant de ce siècle,
rentrent dans la même catégorie de rapprochement
vers le communisme pour une certaine partie de la
consommation.

Et enfin nous avons toute une vaste série d'institutions municipales — eau, gaz, électricité, maisons ouvrières, tramways à taux uniforme, force motrice, etc.,
— dans lesquelles les mêmes tentatives de socialisa-

tion de la consommation sont appliquées sur une échelle qui s'élargit tous les jours davantage.

Tout cela n'est certainement pas encore du communisme. Loin de là. Mais le principe qui prévaut dans ces institutions contient une partie du principe communiste : — *Pour une contribution de tant par an ou par jour* (en argent aujourd'hui, en travail demain), *vous avez droit de satisfaire telle catégorie de vos besoins — le luxe excepté.*

Pour être communistes, il manque à ces ébauches de communisme bien des choses, dont deux surtout sont essentielles : 1° Le paiement fixe se fait en argent, au lieu de se faire en travail; et 2° les consommateurs n'ont pas de voix dans l'administration de l'entreprise. Cependant si l'idée, la tendance de ces institutions était bien comprise, il n'y aurait aucune difficulté, *aujourd'hui même*, de lancer par entreprise privée ou sociétaire, une commune, dans laquelle le premier point serait réalisé. Ainsi, supposons un terrain de 500 hectares. Deux cents maisonnettes, chacune entourée d'un quart d'hectare de jardin ou de potager, sont bâties sur ce terrain. L'entreprise donne à chaque famille qui occupe une de ces maisons, à choisir sur cinquante plats par jour tout ce qu'ils voudront, ou bien elle leur fournit le pain, les légumes, la viande, le café à volonté, pour être cuits à domicile. Et, en échange, elle demande, soit tant par an payé en argent, soit tant d'heures de travail à votre choix dans une des branches de travail de l'établissement : agriculture, élève du bétail, cuisine, service de propreté. Cela peut se faire déjà demain si l'on veut; et on peut s'étonner qu'une pareille ferme-hôtel-jardin n'ait pas déjà été lancée par quelque hôtelier entreprenant.

On remarquera, sans doute, que c'est ici, en introduisant le travail en commun, que les communistes ont généralement échoué. Et cependant l'objection ne pourrait pas être soutenue. Les causes des échecs ont toujours été ailleurs.

D'abord, presque toutes les communes furent fondées à la suite d'un élan d'enthousiasme quasi religieux. On demandait aux hommes d'être « des pionniers de l'humanité », de se soumettre à des règlements de morale minutieux, de se refaire entièrement par la vie communiste, de donner tout leur temps, pendant les heures de travail et en dehors de ces heures, à la commune, de vivre entièrement pour la commune.

C'était faire comme font les moines et demander aux hommes — sans aucune nécessité — d'être ce qu'ils ne sont pas. Ce n'est que tout récemment que des communes furent fondées par des ouvriers anarchistes sans aucune prétention, dans un but purement économique — celui de se soustraire à l'exploitation patronale.

L'autre faute était de toujours modeler la commune sur la famille et de vouloir en faire « la grande famille ». Pour cela, on vivait sous un même toit, forcé toujours, à chaque instant, d'être en compagnie des mêmes « frères et sœurs ». Or, si deux frères trouvent souvent difficile de vivre sous un même toit, et si la vie de famille ne réussit pas à tous, c'était une erreur fondamentale que d'imposer à tous « la grande famille », au lieu de chercher, au contraire, à garantir autant que possible la liberté et le chez soi de chacun.

En outre, une *petite* commune ne peut pas vivre. Les « frères et sœurs », forcés au contact continuel, avec la pauvreté d'impressions qui les entoure, finissent par se détester. Mais, s'il suffit que deux personnes, devenant deux rivaux, ou simplement ne se supportant pas l'une l'autre, puissent par leur brouille amener la dissolution d'une commune, il serait étrange si cette commune vivait, d'autant plus que toutes les communes fondées jusqu'à ce jour s'isolaient du monde entier. Il faut se dire d'avance qu'une association étroite de dix, vingt, cent personnes ne pourra durer que trois ou quatre années. Si elle durait plus, ce serait même regrettable, puisque cela prouverait seulement, ou que tous se sont laissé subjuguer par un seul, ou que tous ont perdu leur individualité. Et puisqu'il est *certain* que dans trois, quatre ou cinq années, une partie des membres de la commune voudra se séparer, il faudrait au moins avoir une dizaine ou plus de communes fédérées, afin que ceux qui, pour une raison ou une autre, voudront quitter telle commune puissent entrer dans une autre commune et être remplacés par des personnes venant d'autres groupes. Autrement la ruche communiste doit nécessairement périr, ou tomber (comme cela arrive presque toujours) aux mains d'un seul — généralement « le frère » plus malin que les autres.

— Enfin, toutes les communes fondées jusqu'à ce jour se sont isolées de la société. Mais la lutte, une vie de lutte, est, pour l'homme actif, un besoin bien plus pressant qu'une table bien servie. Ce besoin de voir le monde, de se lancer dans son courant, de lutter ses luttes, de souffrir ses souffrances, est d'autant plus pressant pour la jeune génération. C'est pourquoi (comme le remarque Tchaïkovsky par expérience) les jeunes, dès qu'ils ont atteint dix-huit ou vingt ans, quittent nécessairement une commune qui ne fait pas partie de la société entière.

Inutile d'ajouter que le gouvernement, quel qu'il soit, a toujours été la pierre d'achoppement la plus sérieuse pour toutes les communes. Celles qui n'en ont eu que fort peu ou n'en ont pas eu du tout (comme la jeune Icarie) ont encore le mieux réussi. Cela se comprend. Les haines politiques sont des plus violentes. Nous pouvons vivre, dans une ville, à côté de nos adversaires politiques, si nous ne sommes pas forcés de les coudoyer à chaque instant. Mais comment vivre, si l'on est forcé, dans une petite commune, de se voir à chaque moment? La lutte politique se transporte dans l'atelier, dans la chambre de travail, dans la chambre de repos, et la vie devient impossible.

Par contre, il a été prouvé et archi-prouvé que le travail communiste, la production communiste, réussissent à merveille. Dans aucune entreprise commerciale, la plus-value donnée à la terre par le travail n'a été aussi grande qu'elle l'a été dans *chacune* des communes fondées soit en Amérique, soit en Europe. Certainement il y a eu partout des fautes d'aménagement, comme il y en a dans toute entreprise capitaliste; mais, puisqu'on sait que la proportion des faillites *commerciales* est environ de quatre sur cinq, dans les premières cinq années après leur fondation, on doit reconnaître que rien de semblable à cette énorme proportion ne se rencontre dans les communes communistes. Aussi, quand la presse bourgeoise fait de l'esprit et parle d'offrir aux anarchistes une île pour y établir leur commune — forts de l'expérience, nous sommes prêts à accepter cette proposition, à condition seulement que cette île soit, par exemple, l'Ile-de-France et que, évaluation faite du capital social, nous en recevions notre part. Seulement, comme nous savons qu'on ne nous donnera ni l'Ile-de-France ni notre part du capital social, nous prendrons un jour l'un et l'autre, nous-mêmes, par la Révolution sociale. Paris et Barcelone, en 1871, n'en furent pas si terriblement loin que ça — et les idées ont progressé depuis.

Surtout le progrès est en ce que nous comprenons qu'une *ville*, seule, se mettant en commune, trouverait de la difficulté à vivre. L'essai devrait être commencé conséquemment sur *un territoire* — celui, par exemple, d'un des Etats de l'Ouest, Idaho, ou Ohio, — nous disent les socialistes américains — et ils ont raison. C'est sur un territoire assez grand, comprenant ville et campagne — et non pas dans une ville seule — qu'il faudra, en effet, se lancer un jour vers l'avenir communiste.

*
* *

Nous avons si souvent démontré que le communisme étatiste est impossible, qu'il serait inutile d'insister sur ce sujet. La preuve en est d'ailleurs dans ce fait que les étatistes eux-mêmes, les défenseurs de l'Etat socialiste, n'y croient pas eux-mêmes. Les uns, occupés à conquérir une partie du pouvoir *dans l'Etat actuel* — l'Etat bourgeois — ne s'occupent même pas de préciser ce qu'ils comprennent par un Etat socialiste qui ne serait cependant pas *l'Etat seul capitaliste,* et *tous salariés de l'Etat*. Quand nous leur disons que c'est cela qu'ils veulent, ils se fâchent; mais ils ne précisent pas quelle autre forme d'organisation ils entendent établir. **Puisqu**'ils ne croient pas à la possibilité d'une *prochaine* révolution sociale, leur but est de devenir partie du gouvernement dans l'Etat bourgeois actuel, et ils laissent à l'avenir de déterminer où l'on aboutira.

Quant à ceux qui ont essayé de dessiner l'Etat socialiste futur, accablés de nos critiques, ils nous répondent que tout ce qu'ils veulent, c'est des bureaux de statistique. Mais ceci n'est qu'un jeu de mots. On sait d'ailleurs aujourd'hui que la seule statistique valable est celle qui est faite par l'individu lui-même, donnant son âge, son sexe, son occupation, sa position sociale, ou bien la liste de ce qu'il a vendu ou acheté.

Les questions à poser à l'individu sont généralement élaborées par les volontaires (savants, sociétés de statistique) et le rôle des bureaux de statistique se réduit aujourd'hui à distribuer les questionnaires, à classer les fiches, et à additionner au moyen des machines d'addition. Réduire ainsi l'Etat, le gouvernement, à ce rôle, et dire que par gouvernement *on ne comprend que cela*, signifie (quand c'est dit sincèrement) faire tout bonnement une retraite honorable. Et, en effet, il faut reconnaître que les jacobins d'il y a trente ans en ont immensément rabattu sur leur idéal de dictature et de centralisation socialiste. Personne n'oserait plus dire aujourd'hui que la consommation et la production des pommes de terre ou du riz doivent être réglées par le Parlement du *Volksstaat* (Etat populaire) allemand à Berlin. Ces bêtises ne se disent plus.

*
* *

L'Etat communiste étant une utopie abandonnée par ses propres créateurs, il est temps d'aller plus loin. Ce qui est bien plus important, en effet, à étudier, c'est la question de savoir si le communisme anarchiste ou le communisme libertaire ne doit pas nécessairement amener, lui aussi, un amoindrissement de la liberté individuelle.

Le fait est que dans toutes les discussions sur la liberté, nos idées se trouvent obscurcies par les survivances des siècles de servage et d'oppression religieuse que nous avons vécus.

Les économistes ont représenté le contrat forcé, conclu sous la menace de la faim entre le patron et l'ouvrier, comme un état de liberté. Les politiciens, d'autre part, ont décrit comme un état de liberté celui dans lequel se trouve aujourd'hui le citoyen devenu serf et contribuable de l'Etat. Leur erreur est donc évidente. Mais les moralistes les plus avancés, tels que Mill et ses très nombreux élèves, en déterminant la liberté comme le droit de faire tout, sauf d'empiéter sur la liberté égale des autres, ont aussi inutilement limité la liberté. Sans dire que le mot « droit » est un héritage très confus du passé, qui ne dit rien ou qui dit trop, — la détermination de Mill a permis au philosophe Spencer, à une quantité sans nombre d'écrivains, et même à quelques anarchistes individualistes de reconstituer le tribunal et la punition légale, jusqu'à la peine de mort — c'est-à-dire forcément, en dernière analyse, l'Etat dont ils avaient fait eux-mêmes une admirable critique. L'idée du libre arbitre se cache au fond de tous ces raisonnements.

Voyons donc, qu'est-ce que la Liberté?

Laissant de côté les actes irréfléchis et prenant seulement les actes réfléchis (que la loi, les religions et les systèmes pénaux cherchent seuls à influencer), chaque acte de ce genre est précédé d'une certaine discussion dans le cerveau humain : — « Je vais sortir, me promener », pense tel homme.... — « Mais non, j'ai donné rendez-vous à un ami, ou bien j'ai promis de terminer tel travail, ou bien ma femme et mes enfants seront tristes de rester seuls, ou bien enfin je perdrai ma place si je ne me rends pas à mon travail. »

Cette dernière réflexion implique, comme on le voit, la crainte d'une punition, tandis que, dans les trois premières, l'homme n'a affaire qu'avec soi-même, avec ses habitudes de loyauté, ses sympathies. Et là est toute la différence. Nous disons que l'homme qui est forcé de faire cette dernière réflexion : « Je renonce à tel plaisir en vue de telle punition », n'est pas un homme libre. Et nous affirmons que l'humanité *peut* et qu'elle *doit* s'émanciper de la peur des punitions ; qu'elle *peut* constituer une société anarchiste, dans laquelle la peur d'une punition et même le déplaisir d'être blâmé disparaîtront. C'est vers cet idéal que nous marchons.

Mais nous savons aussi que nous ne pouvons pas nous émanciper, ni de nos habitudes de loyauté (tenir promesse), ni de nos sympathies (la peine de causer une peine à ceux que nous aimons ou que nous ne voulons pas chagriner ou même désappointer). Sous ce dernier rapport, l'homme *n'est jamais libre*. Robinson dans son île ne l'était pas. Une fois qu'il avait commencé son bateau, et cultivé un jardin, ou qu'il avait commencé à faire ses provisions pour l'hiver, il était déjà pris, engrené par son travail. S'il se sentait paresseux et préférait rester couché dans sa caverne, il hésitait un moment, mais il se rendait néanmoins au travail commencé. Dès qu'il eut pour compagnon un chien, dès qu'il eut deux ou trois chèvres, et surtout dès qu'il rencontra Vendredi, il n'était plus *absolument libre*, dans le sens que l'on attribue souvent à ce mot dans les discussions. Il avait des *obligations*, il devait songer à l'*intérêt d'autrui*, il n'était plus cet *individualiste parfait* dont on aime à nous entretenir. Du jour qu'il aime une femme, ou qu'il a des enfants, soit élevés par lui-même, soit confiés à d'autres (la société), du jour qu'il a seulement une bête domestique — voire même un potager qui demande à être arrosé à certaines heures, — l'homme n'est plus le « je-m'enfichiste », « l'égoïste », « l'individualiste » imaginaires que l'on nous donne quelquefois comme type de l'homme libre. Ni dans l'île de Robinson, ni encore moins dans la société, *quelle qu'elle soit*, ce type n'existe. L'homme prend *et prendra* en considération les intérêts des autres hommes, toujours davantage à mesure qu'il s'établira entre eux des rapports d'intérêt mutuel plus étroits, et que ces autres affirmeront plus nettement eux-mêmes leurs sentiments et leurs désirs.

Ainsi donc nous ne trouvons d'autre détermination pour la liberté que celle-ci : *la possibilité d'agir, sans faire intervenir dans les décisions à prendre la crainte d'un châtiment sociétaire* (contrainte de corps, menace de la faim, ou même le blâme, à moins qu'il ne vienne d'un ami).

*
* *

Comprenant la liberté de cette façon, — et nous doutons que l'on puisse trouver une détermination plus large, et en même temps réelle, de la liberté — nous pouvons dire certainement que le communisme *peut* diminuer, tuer même toute liberté individuelle, et dans mainte commune communiste on l'a essayé ; mais qu'*il peut aussi agrandir cette liberté jusqu'à ses dernières limites.*

Tout dépendra des idées fondamentales avec lesquelles on voudra s'associer. *Ce n'est pas la forme de l'association qui détermine en ce cas la servitude : ce seront les idées sur la liberté individuelle que l'on apportera dans l'association qui en détermineront le caractère plus ou moins libertaire.*

Ceci est juste concernant n'importe quelle forme d'association. La cohabitation de deux individus dans un même logement peut amener l'asservissement de l'un à la volonté de l'autre, comme elle peut amener la liberté pour l'un et pour l'autre. De même dans la famille. De même si nous nous mettons à deux à remuer le sol d'un potager, ou à faire un journal. De même pour toute association, si petite ou si nombreuse qu'elle soit. De même pour toute institution sociale. Ainsi, au dixième, onzième et douzième siècle, nous voyons la commune d'égaux, d'hommes également libres, anxieuse de maintenir cette liberté et cette égalité — et quatre cents ans plus tard nous voyons cette même commune appelant la dictature d'un moine ou d'un roi. Les institutions communales restent ; mais l'idée du droit romain, de l'Etat, domine, tandis que celle de liberté, d'arbitrage dans les disputes et de fédération à tous les degrés disparaît — et c'est la servitude.

Eh bien, de toutes les institutions, de toutes les formes de groupement social qui furent essayées jusqu'à ce jour, c'est encore le communisme qui garantit le plus de liberté à l'individu — pourvu que l'idée mère de la commune soit la Liberté, l'Anarchie.

Le communisme est capable de revêtir toutes les formes de liberté ou d'oppression — ce que d'autres institutions ne peuvent pas. Il peut produire un couvent, dans lequel tous obéiront implicitement à leur supérieur ; et il peut être une association absolument libre, laissant à l'individu toute sa liberté — une association qui ne dure qu'autant que les associés veulent rester ensemble, n'imposant rien à personne ; jalouse au contraire d'intervenir pour défendre la liberté de l'individu, l'agrandir, l'étendre dans toutes les directions. Il peut être autoritaire (auquel cas la commune périt bientôt) et il peut être anarchiste. L'Etat, au contraire, ne le peut pas. Il est autoritaire ou bien il cesse d'être Etat.

Le communisme garantit, mieux que toute autre forme de groupement, la liberté économique, puisqu'il peut garantir le bien-être et même le luxe, en ne demandant à l'homme que quelques heures de travail par jour, au lieu de toute sa journnée. Or, donner à l'homme le loisir pour dix ou onze heures sur les seize que nous vivons chaque jour de la vie consciente (huit pour le sommeil), c'est déjà élargir la liberté de l'individu à un point qui est l'idéal de l'humanité depuis des milliers d'années. Aujourd'hui, avec les moyens de production modernes à la machine, cela *peut* se faire. Dans une société communiste, l'homme pourrait disposer de dix heures, au moins, de loisir. Et c'est déjà l'affranchissement de la plus lourde des servitudes qui pèse sur l'homme. C'est un agrandissement de la liberté.

Reconnaître tous égaux et renoncer au gouvernement de l'homme par l'homme, c'est encore élargir la liberté de l'individu à un point qu'aucune autre forme de groupement n'a même pas admis dans ses rêves. Elle ne devient possible que lorsque le premier pas a été fait : lorsque l'homme a son existence garantie et qu'il n'est pas forcé de vendre sa force et son intelligence à celui qui veut bien lui faire l'aumône de l'exploiter.

Enfin, reconnaître que la base de tout progrès est la variété des occupations et s'organiser de façon que l'homme soit absolument libre aux heures de loisir, mais puisse aussi varier son travail, et que dès son enfance l'éducation le prépare à cette variété — et c'est facile à obtenir sous un régime communiste — c'est encore affranchir l'individu et ouvrir devant lui les portes larges pour son développement complet dans toutes les directions.

Pour le reste, tout dépend des idées avec lesquelles la commune sera fondée. Nous connaissons une commune religieuse, dans laquelle l'homme, s'il se sentait malheureux et trahissait sa tristesse sur son visage, se voyait accosté par un « frère » qui lui disait : « Tu es triste? Aie l'air gai tout de même, autrement tu attristes les frères et les sœurs. » Et nous connaissons une commune de sept personnes dont l'un des membres demandait la nomination de quatre comités : de jardinage, de subsistances, de ménage et d'exportation. avec droits absolus, pour le président de chaque comité. Il y a certainement eu des communes fondées, ou envahies après leur fondation, par des « criminels de l'autorité » (type spécial recommandé à l'attention de M. Lombroso), et nombre de communes furent fondées par des maniaques de l'absorption de l'individu par la société. Mais ce n'est pas l'institution communiste qui les a produits : c'est le christianisme (éminemment autoritaire dans son essence) et le droit romain, l'Etat. C'est l'idée mère étatiste de ces hommes, habitués à penser que sans licteurs et sans juges il n'y a point de société possible, qui reste une menace permanente à toute liberté, et non l'idée mère du communisme qui est de consommer et de produire sans compter la part exacte de chacun. Celle-ci, au contraire, est une idée de liberté, d'affranchissement.

Nous pouvons ainsi poser les conclusions suivantes.

Jusqu'à présent les tentatives communistes ont échoué parce que :

Elles se basaient sur un élan d'ordre religieux, au lieu de voir dans la commune simplement un mode de consommation et de production économiques ;

Elles s'isolaient de la société ;

Elles étaient imbues d'un esprit autoritaire ;

Elles étaient isolées, au lieu de se fédérer ;

Elles demandaient aux fondateurs une quantité de travail qui ne leur laissait pas de loisir ;

Elles étaient calquées sur la famille patriarcale, autoritaire, au lieu de se proposer, au contraire, pour but l'affranchissement aussi complet que possible de l'individu.

Institution éminemment économique, le communisme ne préjuge en rien la part de liberté qui y sera garantie à l'individu, à l'initiateur, au révolté contre les coutumes tendant à se cristalliser. Il *peut* être autoritaire, ce qui amène forcément la mort de la commune, et il *peut* être libertaire, ce qui amena au douzième siècle, même avec le communisme partiel des jeunes cités d'alors, la création d'une nouvelle civilisation pleine de vigueur, un renouveau de l'Europe.

Cependant la seule forme de communisme qui pourrait durer est celle où, vu le contact déjà serré entre citoyens, tout serait fait pour étendre la liberté de l'individu dans toutes les autres directions.

Dans ces conditions, sous l'influence de cette idée, la liberté de l'individu, augmentée par tout le loisir acquis, ne serait pas plus diminuée qu'elle ne l'est aujourd'hui par le gaz communal, la nourriture envoyée à domicile par les grands magasins, les hôtels modernes, ou le fait qu'aux heures de travail nous nous touchons les coudes avec des milliers de travailleurs.

Avec l'anarchie comme but et comme moyen, le communisme devient possible. Sans cela, il serait forcément la servitude et, comme telle, il ne pourrait exister.

Imprimerie Charles Blot, 7, rue Bleue, Paris.

De chez Perrin :

De chez Calmann Lévy :

Librairie dramatique :

De chez Villerelle :

De chez Hachette :

De chez Ollendorf :

COLLECTIONS DE 30 LITHOGRAPHIES

Ont déjà paru : **L'Incendiaire**, par Luce. — **Porteuses de bois**, par C. Pissaro. — **L'Errant**, par X. — **Le Démolisseur**, par Signac. — **L'Aube**, par Jehannet. — **L'Aurore**, par Willaume. — **Les Errants**, par Rysselberghe (les sept premières sont épuisées). — **L'Homme mourant**, par L. Pissaro. — **Les Sans-Gîte**, par C. Pissaro. **Sa Majesté la Famine**, par Luce. — **On ne marche pas sur l'herbe**, par Hermann-Paul. — **La Vérité au Conseil de Guerre**, par Luce. — **Mineurs belges**, par Constantin Meunier. — **Ah! les sales Corbeaux!** par J. Hénault. — **La Guerre**, par Maurin. — **Epouvantails**, par Chevalier. — **Capitalisme**, par Comin'Ache. — **Education chrétienne**, par Roubille. — **Provocation**, par Lebasque. — **La Débâcle**, dessin de Vallotton, gravé par Berger — **Le Dernier gîte du frimardeur**, par Daumont. — **L'Assassiné**, par C. L. — **Souteneurs sociaux**, par Delannoy. — **Les Défricheurs**, par Agar. — **Le Calvaire du mineur**, par Couturier. — **Ceux qui mangent le pain noir**, par Lebasque. — **Les Bienheureux**, par Heidbrinck. — **La jeune Proie**, par Lochard. — **Le Missionnaire**, par Willaume. — **La Libératrice**, Steinlein. — **Frontispice**, Roubille.

Ces lithographies sont vendues **1 fr. 25** l'exemplaire sur papier de Hollande, franco **1 fr. 40**; édition d'amateur : **3 fr. 50**.

Il ne reste qu'un nombre très limité de collections complètes. Elles sont vendues **75 francs** l'édition ordinaire, **150 francs** celle d'amateur.

En dehors de l'album, nous avons :

L'Inquisition en Espagne, dessin de Luce...................... » 50
Un repaire de malfaiteurs, par Willaume............... 1 » franco 1 40
Bakounine, portrait au burin, par Barbottin................. » 50 — » 60
Proudhon, portrait au burin, par Barbottin.............. » 50 — » 60
Cafiero..............id..............id.................. » 50 — » 60
Un frontispice en couleur, par Willaume, pour le premier volume du Supplément................................ 2 25 — 2 40
Celui du deuxième volume, par Pissaro...................... 2 25 — 2 40
Celui du troisième, par Willette, est en préparation.

CHANSONS

La Carmagnole avec les couplets de 1793, 1869, 1883, etc........... » 10
L'Internationale, Crevez-moi la sacoche. Le Politicien de E. Pottier. » 10
Ouvrier, prends la machine, Qui m'aime me suive, Les Briseurs d'images.. » 10
La chanson du Gars, A la Caserne, Viv'ment, brav' Ouvrier, etc.. » 10
J'n'aime pas les sergots, Heureux temps, Le Drapeau rouge........ » 10
Le Réveil, La chanson du Linceul.............................. » 10
Hymne révolutionnaire espagnol, Debout! frères de misère, Les Affranchis... » 10
La Marianne, Pendeurs et Pendus, Fraternité................... » 10
Le Chant des Révoltés, Paix et Guerre, Le Chant du Pain......... » 10
Le Père Peinard, Harmonie, Quand viendra-t-elle?............... » 10
Bonhomme en sa maison, Hymne Anarchiste..................... » 10
L'Or, poésie révolutionnaire.................................. » 10

LES TEMPS NOUVEAUX

Paraissant tous les 8 jours avec un Supplément littéraire.

10 centimes le numéro. — *Administration ;* **4, rue Broca**

Abonnements : France, un an, 6 fr. ; Extérieur, 8 fr.

En vente aux *Temps Nouveaux :*

L'Education libertaire, *D. Nieuwenhuis, couv. de Hermann-Paul* (1).	» 15
Enseignement bourgeois et Enseignement libertaire, *par J. Grave, couverture de Cross*	» 15
Le Machinisme, *par J. Grave, avec couverture de Luce*	» 15
Les Temps nouveaux, *Kropotkine, avec couverture de C. Pissarro.*	» 30
Pages d'histoire socialiste, *par W. Tcherkesoff*	» 30
La Panacée-Révolution, *par J. Grave, avec couverture de Mabel.*	» 15
L'Ordre par l'anarchie, *par D. Saurin*	» 30
Aux femmes, *de Gohier, couverture de Lebasque*	» 15
Les Syndicats et la Révolution, *de L. Niel*	» 15
L'Art et la Société, *par Ch. Albert*	» 20
A mon frère le paysan, *par E. Reclus, couverture de L. Chevalier.*	» 15
La Morale anarchiste, *par Kropotkine, couverture de Rysselberghe*	» 15
Rapports au Congrès antiparlementaire, *couverture de C. Dissy.*	» 85
La Colonisation, *par J. Grave, couverture de Couturier*	» 15
Marchand-Fashoda, *par L. Guétant*	» 15
La Grève générale, *rapport des Etudiants S. R. I.*	» 15
Entre paysans, *par E. Malatesta, couverture de Willaume*	» 15
Le Militarisme, *par D. Nieuwenhuis, couverture de Comin'Ache*	» 15
La Femme esclave, *par R. Chaughi, couverture de Hermann-Paul.*	» 15
Patrie, Guerre et Caserne, *par Ch. Albert, ill. de Agar*	» 15
L'Organisation de la vindicte appelée justice, *par Kropotkine, couverture de J. Hénault*	» 15
L'Anarchie et l'Eglise, *E. Reclus et Guyou, couv. de Daumont*	» 15
La Grève des Electeurs, *par Mirbeau, couv. de Roubille*	» 15
Organisation, Initiative, Cohésion, *J. Grave, couv. de Signac*	» 15
L'Education pacifique, *par A. Girard*	» 15
Le Tréteau électoral, *piécette en vers, par Léonard, couv. de Heidbrinck*	» 15
L'Election du Maire, *id., par Léonard, couv. de Vallotton*	» 15
La Mano-Negra, *couverture de Luce*	» 15
La Responsabilité et la Solidarité dans la lutte ouvrière, *par Nettlau, couv. de Delannoy*	» 15
Anarchie-Communisme, *Kropotkine, couv. de Lochard*	» 15
L'Anarchie, *par E. Malatesta*	» 20
L'Anarchie, *par A. Girard*	» 10
Aux anarchistes qui s'ignorent, *par Ch. Albert, couv. de Couturier.*	» 10
Si j'avais à parler aux électeurs, *J. Grave, couv. de Heidbrinck.*	» 15

Guerre-Militarisme, édition illustrée de **10** dessins de *Heidbrinck, Hénault, Hermann-Paul, Jehannet, Steinlen, Lefèvre, Luce, Signac, Vallotton et Willaume,* gravés par *Berger.* Pris dans nos bureaux : 7 fr. 50 ; par colis postal : 8 fr. 10.

L'édition non illustrée : dans nos bureaux, 2 fr. 50 ; franco : 3 francs.

Ces prix sont réservés à nos lecteurs. En librairie, 9 francs l'édition illustrée ; 3 fr. 50 l'édition non illustrée.

Les Temps Nouveaux, sept années complètes : 7 fr. l'année.

La Révolte, journal et supplément, collection complète (deux seulement restent) : 150 francs.

Supplément de la *Révolte :* 50 francs.

Images à l'usage des enfants. — *Chauvinard :* 3 fr. le cent.

(1) *Pris dans nos Bureaux ou par un certain nombre à la fois, les petites brochures se vendent 0 fr. 05, les lithographies 0 fr. 15, et les volumes 0 fr. 25 en moins.*